AF607317

LA BELLEZA Y EL DOLOR

ISABEL GEMIO
JESÚS GARCÍA SÁNCHEZ

LA BELLEZA Y EL DOLOR

Poemas para soñar

Prólogo de Isabel Gemio

VISOR LIBROS

VOLUMEN MCCXC DE LA COLECCIÓN VISOR DE POESÍA

Cubierta: Juan Vida. *Boca y cuchilla*

Isaac Peral, 18 - 28015 Madrid
www.visor-libros.com

ISBN: 979-13-87745-90-5
Depósito Legal: M-25737-2025

Impreso en España - Printed in Spain
Gráficas Muriel. C/ Investigación, n.º 9. P. I. Los Olivos - 28906 Getafe (Madrid)

PRÓLOGO

Hay libros que nacen del amor a la palabra, y otros que nacen del amor a la vida. Este pertenece a ambos. En sus páginas se reúnen poemas que son regalos: gestos de generosidad de algunos de los nombres más reconocidos de la poesía española, que han querido poner su voz, su sensibilidad y su tiempo al servicio de una causa común.

Este libro nace con un propósito doble y profundo: recaudar fondos para la investigación en enfermedades raras y, al mismo tiempo, dar visibilidad a quienes conviven cada día con ellas. Cada verso, cada palabra que lo compone, es una forma de acompañamiento, una manera de decir: no estáis solos.

Las enfermedades raras afectan a un número reducido de personas, pero su impacto es inmenso. Detrás de cada diagnóstico hay familias que buscan respuestas, profesionales que investigan sin descanso, y una sociedad que todavía necesita mirar más y mejor hacia esos lugares donde la fragilidad se convierte en fuerza. Porque la verdadera rareza no está en las enfermedades, sino en la indiferencia.

Por eso este libro es también un acto de esperanza. La poesía, con su capacidad de mirar el mundo desde otro lugar, se convierte aquí en herramienta de transformación. Frente al dolor, ofrece consuelo; frente a la soledad, compañía; frente a la incertidumbre, belleza.

Quienes hacemos parte de esta fundación creemos que la cultura, cuando se une a la solidaridad, puede mover montañas. La recaudación de este volumen se destinará íntegramente a apoyar proyectos de investigación que buscan mejorar la vida de quienes padecen enfermedades raras. Pero además de los fondos, hay algo igual de valioso: la visibilidad. Porque solo lo que se nombra existe, y cada lector que abra este libro contribuirá a que estas realidades poco conocidas encuentren eco y comprensión.

Agradezco profundamente a Visor Poesía, por su generosidad y compromiso, y a los poetas que han cedido sus obras para hacerlo posible. En tiempos donde la prisa y el ruido parecen imponerse, ellos han elegido detenerse un instante para mirar de frente el sufrimiento ajeno y transformarlo en palabra compartida.

Este libro es un acto de unión. De quienes escriben, de quienes leen, de quienes investigan y de quienes resisten día a día. Que sus páginas sirvan como recordatorio de que la empatía, la ciencia y la belleza no son caminos separados, sino partes de un mismo impulso: el deseo de vivir y de cuidar la vida.

La Fundación Isabel Gemio agradece profundamente a todos los que han hecho posible este libro: a Chus Visor, a los poetas por su entrega, a los lectores por su apoyo y, sobre todo, a las personas y familias que nos inspiran con su fortaleza.

Este libro es por y para vosotros.

Firmado con gratitud y esperanza.

Isabel Gemio

La vida es un sueño, y lo
que tú haces con ella es tu
verdadera realidad.

K. Cavafis

ROCÍO ACEBAL DOVAL
(Oviedo, 1997)

ES CASI INCONCEBIBLE

Es casi inconcebible:
tu vida se ha parado mientras el mundo gira.

La gente ríe en las terrazas.
Querrías increparles
«¿cómo podéis seguir tomando ese café?»,
«¿no veis que vuestras risas son obscenas?»,
pero solo les miras con angustia.

Algunos se detienen
un instante en el duelo que te habita,
repiten los clichés
y te tocan los brazos con cuidado
de que no les salpique tu tristeza.

Después se van, murmuran entre sí
«figúrate, tan joven, qué desgracia».
Algunos llaman a sus padres, dicen
«te quiero», «aunque no lo diga a menudo sabes
cuánto te echo de menos»,

pero poco después
hablan del fútbol, la política, el trabajo, como
si nada hubiera sucedido.

Un día —da apuro confesarlo—
tú misma te descubres en plena carcajada
mientras alguien te mira con angustia.

Es casi inconcebible:
su vida se ha parado mientras tu mundo gira.

(Inédito)

VERÓNICA ARANDA
(Madrid, 1982)

DONDE HIERE LA BELLEZA

Dos mujeres que intercambian mapas.
JUAN MAYORGA

Hoy hiere la belleza en ese páramo
donde la enfermedad es sílaba abstracta
y los cuerpos resisten
bajo arpegios de células.

Cada tendón dibuja a carboncillo
una frontera imaginaria.
La sed de movimiento
no anula las estrofas
con iris amarillos, bicicletas.

Si el dolor se anticipa,
como un volcán dormido,
no erosiona la tinta del haikú
donde un ciervo atraviesa un paisaje con nieve.
No silencia la voz
de nadadores que intercambian mapas.

(Inédito)

GIOCONDA BELLI
(Managua, Nicaragua, 1948)

TERNURA DE LOS PUEBLOS

Yo te decía que la solidaridad
es la ternura de los pueblos.
Te lo decía después del triunfo,
después que pasamos los tiempos duros de batalla
cuando toda era soñar y soñar, despiertos y dormidos,
sin cansarnos nunca de ponerle argamasa al sueño
hasta que dejó de serlo, hasta que vimos las banderas rojinegras
—de verdad— ondeando sobre las casas, las casitas, las chozas,
los árboles del camino y pensamos en todo lo que nos tocó vivir
y era como un gran rompecabezas de rabia y fuego
y sangre y esperanza.

(De *Truenos y arcoíris*, 1982)

FELIPE BENÍTEZ REYES
(Rota, Cádiz, 1960)

HOSPITAL

El olor, sobre todo
(algo, no sé, de laboratorio de alquimista y
de comedor de beneficencia),
indica que se trata
de un universo aparte: solo puede oler así
la mezcla de la asepsia
y la putrefacción, del vendaje y la llaga,
de lo químicamente puro
y de lo humanamente enfermo,
en su palpitación peculiar por sobrevivir.

La luz artificial sugiere un blindaje escenográfico
ante el goteo del tiempo en los relojes:
ni la noche ni el día.

Apenas hay sombras: se opta
por la fulguración, por los matices
esterilizados del color y la luz.

Los temerosos suplican
un segundo diagnóstico,
una clave para racionalizar el infortunio.
Una bata puede ser allí el uniforme de un dios.

Ante la máquina de golosinas,
un paciente con su sonda vesical,
como ante el árbol de la ciencia,
sin saber qué elegir.

En el pasillo con perspectiva de túnel,
una niña muy pálida y sin pelo
acaricia el pelo de su muñeca de ojos fijos.

En la cafetería bulliciosa,
los exegetas de la fragilidad ajena
dibujan en el aire con sus gestos
el contorno de la incertidumbre.

Y el olor, sobre todo.

(De *Las identidades*, 2012)

PIEDAD BONNETT
(Amalfi, Antioquía, Colombia, 1951)

LAS HERENCIAS

Enfermedades en mi casa.
PABLO NERUDA

Hijo mío, me duelen las herencias

Esta culpa, zarza que arde y me quema,
y que no me concede saber cuál fue el pecado

En tu inocencia se mira mi inocencia
como en un ojo de agua que me cuenta una historia
que ya ha sido olvidada

y otros hablan entre tus voces turbias
y otros sufren de nuevo entre tus sueños
y en tu silencio sufren
otra vez más aquellos que están muertos

y tu herida
es una pena antigua que por mi sangre pasa
y estalla en las entrañas en que nadaste un día.

(De *Las herencias*, 2008)

GUILLERMO CARNERO
(Valencia, 1947)

MUERTE DE JUAN JOAQUÍN WINCKELMANN

Toda belleza duele y es violenta,
no plácida y tranquila como el fondo de un mar
ajeno a la inquietud de su oleaje.
La desnudez no aflora la hermosura de un alma
criada bajo un cielo suave y puro;
el vigor no procede de la divina llama
de Prometeo. No hay delicadeza
en las ondulaciones de la sarga
que pende de un mendigo; su puñal
no fue ofrendado a Palas Atenea
entre versos de Píndaro.
                                        No a la melancolía,
la soledad o el tedio; teme al amor de un ángel.

(De *Regiones devastadas*, 2017)

YOLANDA CASTAÑO
(Santiago de Compostela, 1977)

NO LLEGARÉ A

Con Idea Vilariño

No llegaré a llevarte de la mano,
ni tú te agarrarás a la mía.
No te abriré la persiana
al mediodía los domingos.
No me arrancará de la cama
ningún alarido con tu rostro.
No llegarás a marchitar mi piel,
nunca detendrás mi viaje.
No te compraré un gorrión.
Ni serán tuyos los muros
que me costaron tanto.
Ya nunca sabré quién eres.
Qué significaría amarte.
No llegaré a saber
si era así como decían.
No adivinaré qué
ni cómo ni cuánto nunca.
No me sorberás el tiempo.

Nadie me buscará en ti.
No seré más que yo
para siempre.
Ya no te veré hacer
lo que amas tan profundo.
No conoceré a tus hijos
bañados por el sol
un mes de agosto.
No me sostendrás del cuello.
No me apagarás la luz.

(De *Materia*, 2022)

JOSÉ CERCAS
(Santa Ana, Cáceres, 1959)

PEQUEÑA BIOGRAFÍA

Aquí, amiga mía, la vida viene a buscarnos
con su eterna vocación de navegante,
en este ángulo oscuro donde danza la noche
con su simetría de tiempos y aguaceros.

En este rincón de espejos y alegría
solo escucho la voz de quien entona,
solo siento la mano de quien intuye
un mundo de horizontes y de versos.

Aquí, amiga mía, te dejo el deber de ser feliz,
la pena que intuyo, el trueno que duerme en la noche;
y otra vez, amiga mía,
el deber de enamorarme
tantas veces como el corazón lo solicite,
una y otra vez, callado,
por veredas cubiertas de rosas.

Aquí, amiga mía,
la vida, con su deber de epitafio,

nos recuerda cada día que estamos vivos.
Yo sueño, por ello, lloro y canto
sobre la dulce y lenta agonía de un poema.

(Inédito)

ANTONIO COLINAS
(La Bañeza, León, 1946)

AQUEL VIENTO

No te olvido.
Era de noche.
Me llamó aquel monte.
¿De dónde viniste viento
que allá arriba acudiste
para someterme?

Me llamó aquella brisa
que me abrió
el rostro
para derribarme
sobre un terreno áspero.
No sabía lo que estaba pasando
en mí y fuera de mí,
ni de quién era aquel viento-llamada.

Luego, mientras descendía a tientas
por el sendero oscuro
hacia el canal de las moreras,
comprendí que mi cuerpo

iba lleno de una música
que no me abandonaba,
que nunca me abandonó.

(Inédito)

ISLA CORREYERO
(Miajadas, Cáceres, 1957)

LA BELLEZA DE UN HIJO DORMIDO

No cierres más los párpados, que escucho
debajo de tu piel un astillero
donde las ruedas rotas de tus genes
golpean contra muelles invisibles
sin hallar capitán ni la cartografía.

Hay días en que tu fiebre es un caballo
sin ojos galopando en círculos de sombra
y yo quisiera abrirle el vientre al tiempo
para que el calendario te devuelva
la luz que te robó cuando eras niño.

No hay dioses en la ciencia pero hay manos
que buscan en tus venas un idioma
para hablar con la noche que te habita
y yo vigilo, inmóvil, como un árbol
que ha visto renacer todos sus nidos.

Quizás la cura exista en otra orilla
más allá de los mapas y hospitales

quizás tu cuerpo sea esa belleza
que aprende lentamente a encender lámparas
cuando algunos esperan el relámpago.
Y aún así, hijo, yo te nombro como al río
que sigue aunque no encuentre desembocadura
porque la fe es un enfermero de agua
que nos cura los pies en plena niebla
y nos obliga a esperar, incluso por detrás
de lo improbable.

(Inédito)

LUIS ALBERTO DE CUENCA
(Madrid, 1950)

DOLOR

Más allá del lenguaje y las palabras
está el dolor que quieres renovar.
Mi alma se horroriza ante el recuerdo
que pides que alimente, ante la pena
sin paliativos que supuso entonces,
y sigue suponiendo todavía,
que dejases de amarme. Y solicitas
ahora —años después de que ocurriese,
justo cuando empezaba a superarlo—
un obsceno ejercicio de memoria
sobre los mil y un errores graves
que convirtieron nuestras relaciones
en una larga serie de mentiras
que aniquilaron nuestra convivencia.
¿Por qué ahora, después de tanto tiempo,
rompes con tu silencio? ¿Te has quedado
tú también sola? ¿Te ha dejado el tipo
con quien vivías? Dime, ¿de qué sirve
que recorramos juntos nuestra etapa
en común si tú misma ratificas

en tu mensaje que «lo nuestro ha muerto
para siempre jamás»? Me pides algo
que trasciende el lenguaje y las palabras.
No puedo concedértelo. El olvido
es el único fármaco que tengo
contra el dolor antiguo que sembraste
en mi alma. Un dolor que con la muerte,
tan solo con la muerte,
desaparecerá.

(De *Después del paraíso*, 2021)

INMA CHACÓN
(Zafra, Badajoz, 1954)

CORAZÓN DE FUEGO, DE AGUA Y DE AIRE

Corazón de fuego,
no sé dónde empiezan tus fuerzas
y tus debilidades,
y terminan las mías.
Porque tu llanto es mi llanto,
corazón de laderas de lava,
y en mi espalda brotan las plumas
que jamás podrás extender.
Alas rotas,
nacidas sin terminar,
corazón mío,
jinete del aire
y del magma caliente,
corazón de volcán.

Latido.

Tu llanto y mi llanto
tus alas,
mis alas,

con las que consigues salir cada día
de las entrañas de la tierra
para decirnos que todo es posible;
para que no se ahoguen
los gritos callados que leo en tus labios
y llenan mi boca.

Mareas que suben y bajan.

El cielo a tu alcance,
corazón de ceniza.
Estrella gigante.
Agujero cósmico.
Principio de incertidumbre.
Incandescente mirada en tus ojos
que arde en los míos.

Tu sabiduría y mis necedades.
Lo blanco y lo negro.
La tormenta y la calma,
tu abrazo,
tu baile en mis pies,
tu forma de hacerme sentir
que siempre merece la pena
adentrarse en la cueva.

Tu belleza y tus lágrimas,
mi dolor y tu altura,
y mis cicatrices,
y tus carcajadas,

y mis noches en vela,
y tus soledades,
y tu hombro y mi hombro,

corazón del núcleo fundido del mundo,

amor que soporta la herida y el beso,
el fuego y la nieve,
las seguridades y los contrasentidos,
el sol y la lluvia,
los vientos, la calma, la arena, las piedras.

El mar.

Corazón de olas
que buscan una orilla y la otra.

Crestas y cráteres.
Nubes y claros.
Salud y padecimiento.
Tú y yo,
nosotros,
tu llanto y mi llanto
tu risa y la mía,
tu vida, tus sueños,
mis amaneceres,
mi vigilia, tu saber entenderme,

y un camino largo, difícil, continuo,
feliz,

tú y yo,
nosotros,
corazón de agua, de fuego y de aire,
tu estela y mis pasos
la razón de los dos,
sin saber dónde empiezas
ni donde termino.

(Inédito)

DIEGO DONCEL
(Malpartida de Cáceres, Cáceres, 1964)

LA VISITA DE JUDAS

Judas abrió los ojos, vio la niebla que rodaba lenta
como un anciano en una silla de ruedas, los pájaros
flotando en el vacío, su conciencia que volvía del más allá.

Pensó que quien había resucitado era él, no ningún dios.

Se quitó la soga del cuello, con temblor,
como lo hace un hombre
que alguna vez se volvió contra sí mismo.

Regresó por las mismas huellas que cuando iba
a buscar un sitio entre los muertos.

Atravesó furtivamente los polígonos industriales,
los barrios oscuros como lo haría un criminal.

En el lavabo de un bar se limpió las traiciones,
ocultó con maquillaje la quemadura que le atravesaba
la garganta: nadie debía pensar que era un tipo peligroso,
un tipo turbio con un turbio desvío en su moralidad.

Vio cómo las arrugas permanecían calladas
al fondo del espejo, cómo sus distintas psicologías
discutían entre sí.

Pensó que él solo era el sueño de ese cuerpo
que había ahorcado en el árbol maldito del dolor.

Le alivió perderse en el centro comercial, sentir
otra vez que su alma tenía la dimensión
de un puñado de monedas.
Amar el dinero no era para él la celebración de
ninguna miseria.
Hasta la inmortalidad era simplemente un espectáculo
económico.

Sabía que había vuelto para poner orden en la historia,
para poner paz en sus sentimientos.

Su biografía era infinita, como las versiones, las conjeturas,
las teorías apócrifas que corrían sobre él.

Su personalidad era débil, y profundo
el infierno que llevaba dentro.

Fue al hospital, subió a la planta de Cuidados Intensivos,
se encontró consigo mismo en el rostro de otro hombre
que lo esperaba desde siempre, en su infamia,
en sus mentiras, en el silencio de su maldad.

Mi padre estaba detrás de los cristales, ya no era él,
ni siquiera sabíamos quién era.
La pantalla, las líneas luminosas

reflejaban los latidos de un universo que se estaba
extinguiendo,
los planetas que habían dejado de rotar y flotaban en el frío.

La melancolía tenía un olor a medicamento, las sábanas
a humedad.

Mi padre abrió los labios para sentir lo que nadie podía sentir.

Yo le hablaba para que no se fuera, para que
permaneciera una
vida más junto a nosotros.

Las convulsiones trazaban el camino de su adiós.

Judas miró a ese hombre, abrazó su bata blanca como si
formara parte de él mismo.

Después hablaron de sus cosas, planificaron el futuro.

Yo me quedé enfermo para siempre, solo frente al hueco
de mi
padre, frente a las huellas de mi padre.

No sé si vi o si soñé que la cama estaba ya vacía.

(De *La fragilidad*, 2021)

IGNACIO ELGUERO
(Madrid, 1964)

LA NIÑA DE LAS POMPAS DE JABÓN

Hay una niña amable en todo cuento.
Una niña que juega en la escalera.
Es una niña rosa que sonríe feliz
como en un recortable.
Otra niña hace pompas
de un extraño color en la ventana.
Esa niña es distinta, dicen.
La observo desde abajo, aquí en la calle.
Ella habita otro mundo. Mira al cielo la niña
mientras lanza las pompas hacia el aire.
Yo aquí abajo deambulo
entre el humo y los coches,
los perros y los gatos, las personas.
Algo me lleva a textos de cuentos infantiles
que tienen en sus márgenes vidrieras:
las normas, lo correcto, los animales que hablan,
la extraña moraleja
que habita las paredes de esos libros
con muchachas muy rosas y educadas.

Observo el deambular de las burbujas
que lanza la pequeña a que naveguen;
el arco de su vuelo, su corazón de plata.
Hay un cuento infantil en cada pompa
que narra alguna historia de una cría
que juega en la escalera de su casa
y es feliz y sonríe al mismo tiempo.
Pero es distinta, dicen; son distintos relatos,
con finales inciertos, diferentes.
Que juega a las mamás con sus muñecas rotas
mientras mira las pompas de jabón
que vuelven de regreso hasta su casa.
La niña que bizquea, bella,
de mirada extraviada, según cuentan,
la niña de los ojos achinados,
sonríe desde arriba y me saluda.
Le sonríe a la vida
mientras lanza sus pompas de jabón
en forma de mensajes,
con secretos, con sueños, con enigmas.

(Inédito)

VICENTE GALLEGO
(Valencia, 1963)

LLAMAN A NUESTRA PUERTA

Un solo cuerpo vi bajo los cielos
—retorcido en sus goces,
coronado de espinas—,
una sola conciencia aquí pulsando,
y supe que el dolor era el amor,
era el amor sufriéndose en sus carnes.

No tiene esta pasión, esta hermosura
terrible de la vida padeciéndose,
más remedio que andar
llamando a nuestra puerta, procurando
encontrar algún fiel, una devota
que deje de pedirle explicaciones,
porque nunca las hubo,
porque todo es un sueño solamente.

De aquel será el más dulce despertar,
del que no sea nadie siendo todos,
por él cantan las niñas cuando juegan,
por él sabe la muerte a qué atenerse,

y se visten las flores
con prendas tan suaves.

¡Aléjese mi ángel de la guarda!
—rogará el que de amores hoy se aflige—,
yo vengo a padecer como cualquiera,
a ver que no soy digno,
a que se haga conmigo como fuere
al amor necesario, a la belleza
ocasión de provecho,
y del pan que me como,
y de aquel que me falte,
diré que se lo debo a mis hermanas,
las más altas estrellas.

(Inédito)

DIONISIA GARCÍA
(Fuente-Álamo, Murcia, 1929)

PERMANENCIA FESTIVA

Moras en mí de la mejor manera;
el dolor ha sido beneficio:
nos ha fundido piel y libertades,
comienzo ante las cosas.

Observo cómo admiras ahora
los vivos pormenores del entorno,
cómo vuelven tus manos al tacto de los libros,
o remedias mi afán con tu sonrisa.

Frías voces quedaron ya lejanas.
Vivos, sí, elegidos y ocultos;
conquistada morada perdurable,
que el dolor ha querido
compensar en nosotros.

(Inédito)

PABLO GARCÍA CASADO
(Córdoba, 1972)

SONRÍA

Dolor es un teléfono en una casa vacía, un teléfono que suena, que nadie va a descolgar. Para qué el dolor, a qué número, a qué casa vacía llama ese teléfono. Día y noche, sonando para nadie, imagina sonreír, imagina poder hacerlo. Que un día despiertas y no suena ese teléfono, solo el viento en los cristales, la lluvia, cláxones lejanos, pero hoy tampoco, hoy tampoco es ese día. Hoy es el día de la insignia, han puesto una bandera en nuestro pecho. También a comerciantes, policías y a un poeta. Es él quien habla en nombre de nosotros, algunos entre el público derraman unas lágrimas. Después vienen los himnos, los aplausos, y después bandejas surtidas de jamón. El fotógrafo se acerca a nuestro grupo, nos pide una sonrisa.

LUIS GARCÍA MONTERO
(Granada, 1958)

NAVEGACIONES

Deben estar borrachas
porque su discusión se ha levantado
todavía muy lejos de la orilla.
Son las olas del mar.
Vigilan al extraño navegante
que intenta defenderse de las iras
contra viento y abismo.
Ni Cristóbal, ni Hernán, ni Magallanes,
ni Américo, ni Nelson,
ni Francis Drake, ni corsarios rojos.
Ningún libro de historia sabe decir su nombre.
Pero este poema quiere hablar,
preguntarse el tal vez de Yoro Keisu,
que no busca un Imperio,
ni persigue un botín.

Tal vez resista su patera
hasta llegar a tierra.
Tal vez el frío le perdone
y escriba una esperanza en las arenas

de la Isla del Hierro.
Tal vez la noche del suicida
no lo busque después
en el castillo de los ilegales.
Tal vez nadie le pegue una paliza
por hablar con palabras extranjeras
en una plaza de Alemania.
Tal vez no muera en Londres
víctima de un tumor
que se multiplicó sin tratamiento.

Tal vez conozca Yoro Keisu
el lado bueno del anonimato
y su nombre no sea noticia de periódico
sino espuma de amor en otros labios.
Tal vez sea feliz.
Así lo quiere este poema.

(Inédito)

JUAN ANTONIO GONZÁLEZ IGLESIAS
(Salamanca, 1964)

MAÑANA DE INVIERNO
EN EL PALACIO DE ANAYA

Da el sol en el rincón del claustro alto
donde está mi despacho. Antes de entrar
miro el mundo desde este punto clásico
y monacal. Columnas y arquitrabe
en la mañana de febrero dejan
líneas oblicuas sobre la cuadrícula
del pavimento. Paso a paso voy,
con el abrigo puesto, transitando
los cuatro lados de este templo griego,
este erguido palacio que contiene
el sobrenatural azul del cielo
y el bronce imperturbable de Unamuno.
Veo la magna escalera, de peldaños
tallados en granito de una pieza.
Leo, ya sin leerla, la inscripción
en latín y los rojos anagramas
con los nombres que van siendo borrados,
también el mío. El aire en equilibrio
helado. Y aquí mismo la pequeña

cúpula de la iglesia, la capilla
en la que bautizaron a mi madre.
He derrotado a la melancolía.
A punto ya de entrar, leo en el móvil
algo que acaba de escribirme Christian:
También tu madre está en ese sol bueno.

(Inédito)

IOANA GRUIA
(Bucarest, 1978)

MÚSICA EN EL AIRE

Un niño en una cama escucha a Mozart.
No se puede mover.
En la televisión se ven sus manos,
trazando piruetas en el aire.
La misma noche sueño con el niño,
que toca el piano como un virtuoso.

(Inédito)

ALMUDENA GUZMÁN
(Navacerrada, Madrid, 1964)

LA VIDA TE VIVE AUNQUE TÚ NO QUIERAS

La vida te vive aunque tú no quieras,
es una corriente de voltios infinitos
que sigue alumbrando el espacio
que dejas cuando te fundes.

Sus recibos se pagan a precio de oro
pero nadie tiene la propiedad privada
de esa luz:
la transmitimos los unos a los otros
por nuestros cuerpos,
y da igual que sean transparentes,
translúcidos u opacos.

Creo que a todo esto se refería Kropotkin
en *El apoyo mutuo.*

(De *Zonas comunes*, 2011)

KARMELO IRIBARREN
(San Sebastián, 1959)

TRISTEZA

Alguien dijo
que era el musgo que le sale al alma
cuando no deja de llover
sobre la ausencia.

No es una mala definición.
A veces
unos días de sol en primavera
pueden ser suficientes
para quitársela de encima;

o eso piensas,
hasta que la conoces de verdad.

(De *Mientras me alejo*, 2017)

CLARA JANÉS
(Barcelona, 1940)

LET'S GO ON

La suma de moradas bajo
la luz de los olvidos.
J. L. Clariond

Que nada detenga nuestra voz
en combate con la barbarie del mundo.

Desde la raíz,
entera, aunque frágil,
la voz regresa.
Y esa raíz es puente,
pues cuanto más se hunde,
más se eleva,
asciende, se evapora
y torna nube que está aquí
ya como lluvia.

Y así el ciclo no cesa.
El canto
va acariciando la madera del tronco

y ahora lo hace tal alimento,
una vez más
a la raíz
y vuela.

(Inédito)

RAQUEL LANSEROS
(Jerez de la Frontera, Cádiz, 1973)

VESTÍBULO DE TI

Como todo mamífero, estuve muy tentada
de creer a pies juntillas las leyendas.
Morimos inevitablemente solos
pero en el mientras tanto amamos cuerpos.
Regreso con gemido de cada lejanía,
ya vuelve a anochecer en las afueras.
Tu recuerdo me empuja a los diarios
por comprenderte a ti, por comprenderme.
Que no arraigue el desánimo
no caduca la fe ni la avidez de darse.
Conmigo vas, ya no existe la muerte
ni el miedo ni el rencor. Todo es un sueño
excepto tú y tus manos aliviadas.

(Inédito)

ANTONIO LUCAS
(Madrid, 1975)

TREGUA

A Felipe Benítez Reyes

La vida se concreta mejor en lo pequeño:
la templanza maternal del agua,
el cara o cruz de los viajes que no has hecho,
los árboles que trepas,
el amor que parte en dos
su evidencia y su dominio.

Para vivir no es conveniente dar rodeos
ni buscarle a las preguntas su respuesta en la respuesta.
A veces es mejor confiar en quien no sabe
y aprender de sus cautelas,
como aprende el animal a desapasionarse,
como aceptan las montañas ser final y antes del mundo.

Sabes que hay cosas de ti que no te pertenecen:
ser niño y persignarse,
demonios clamorosos,
la costumbre de besar a los extraños,

la monótona conciencia de la culpa,
alegrarse en carnaval,
creer en dioses.

Pero eres parte de tu siglo, de su bárbaro jolgorio.
Millones de hombres que se matan,
y se agotan en oficios rigurosos,
y hablan entre sí aunque no laten por nadie,
y solo han aprendido a estar ya solos.
Solos como cuelgan los disfraces.
Solos como dos espejos solos.
Solos como suena el llamarse incluso Antonio.

Por eso que vivir se concreta en lo pequeño.
Ahí donde unos ojos te reclaman,
donde piensas en alguien y lo salvas;
donde alguien piensa en ti
y da tregua a tu destino sin saberlo.

(De *Los desnudos*, 2020)

AURORA LUQUE
(Almería, 1962)

MAILLARDIANA

Oír la música de los muertos. Escucharla.
No la que tocan, sino la que son.
CHANTAL MAILLARD

La Muerte
la muerte —tres mandíbulas—
cercena, saja, rasga
a un lado, luego a otro
las manos
lo que había en las manos de deseo de danza
desgarra un día esto y otro aquello
la lengua
lo que había en la lengua de goces archivados
un miembro, luego otro
los ojos
los ojos que dormían al lado, en la almohada
A veces pone huevos malignos en los cuerpos
y se queda a incubarlos
Noctívaga nictálope
le brilla levemente su colmillo de Furia
y se viste de negro —es bien sabido

La Vida
—la vida cuida bien su vestuario
es omnívora y siempre tiene sed
consiste en su hambrear
y alza altares hipócritas
Cría, nutre hijos tiernos
y los entrega al fuego inapelable
Inspira —es bien sabido— la canción del espanto

Medea
—Medea aguarda aún
en la última playa
en la varada jábega mohosa
sin hambre de horizonte
No hay remeros ni remos ni noticia
de rescates solares
la soledad repite
su bien sabido triunfo, su granizo
Mirar siempre la nada
Cuando escucha las voces de los niños lejanos
algo emana inocente
algo amoroso vibra
y bajamos entonces a la playa
a acompañarla.

(De *Gavieras*, 2019)

CHANTAL MAILLARD
(Bruselas, 1951)

AQUÍ

Dime lo que he de hacer. Las palabras
se agolpan. Dime algo, dices, dice
él. A mí, me parece
que no dejo de hablar. No obstante,
cuando lo intento —dime, dice—, oigo
como un gemido, tan solo un gemido
que arrastra el llanto.

Dime lo que he de hacer. Llévame a
donde me digan lo que he de
hacer. Sus ojos. Tus
ojos —¿tus?— sí,
cálidos ojos-lago, ojos-aquí.
Aquí, como los niños
y los idiotas. Por eso tus ojos,
para quedarme. Para
seguir aquí. Para aguardar
aquí. ¿Aguardar qué? No importa.
Para aguardar.

Ni dentro ni en superficie.
Aquí donde los niños
y los pobres de mente. Un aquí
que se prolonga en tus ojos sus ojos,
para poder quedarme.
Dime lo que he de hacer.
Escribo

porque tal vez no hablo. No
me sueltes.

(De *Hilos*, 2007)

CARLOS MARZAL
(Valencia, 1961)

ROMERO

Me he frotado las manos con romero.

Su aspereza fragante me ha lavado
de cualquier ansiedad, y de repente
he pensado en los clásicos: no sé
si en esta conjetura soy preciso.

Perfume niño, joven, nuevo, viejo.

Me he llevado las manos a la boca
para beber de él,
                                        y respirarlo.
No sería mentir si ahora dijese
que ha cantado el romero
                                                        y lo he entendido.

Si fuera permanente su fragancia,
no hay duda de que nada moriría.

(De *Euforia*, 2023)

ANA MERINO
(Madrid, 1971)

CÁLIDO ABRAZO

El dolor enhebrado, su pálpito nervioso
desdibuja los gestos que te adornan.
Tus ojos descifran las miradas
que anidan el afecto y respiran belleza,
porque el amor germina en cada bocanada,
en los dedos torcidos que aprenden a dar forma
a su misterio.

Tu sonrisa se fragua en cada movimiento,
en impulsos eléctricos que retuercen su esencia,
en destellos que habitan en todos los esfuerzos
y encuentra su cobijo en un cálido abrazo
macerado en ternura.

(Inédito)

JUAN CARLOS MESTRE
(Villafranca del Bierzo, León, 1957)

Y TODOS LOS LIBROS LLENOS DE PALABRAS

Y todos los libros llenos de palabras
y todos los calendarios llenos de días
y todos los ojos llenos de lágrimas
y llena de nubes la cabeza de todos los mares
y llenos de coronas y puntapiés todos los relojes de arena
y de jirafas molidas todos los pechos condecorados
y todas las manos llenas de verano y caracoles marinos
y todos los dormitorios llenos de manojos de
    explicaciones
y de pantalones disecados las sillas en todos los
    prostíbulos
y todos los huecos llenos de público
y todas las camas llenas de electrocutados
y todos los animales llenos de espíritu y pánico
y de feroces gritos los árboles en todos los aserraderos
y todos los tribunales llenos de testimonios
y todos los sueños llenos de sacacorchos
y llenas de chicas todas las estrellas
y todos los libros llenos de palabras
y todos los calendarios llenos de días

y todos los ojos llenos de lágrimas
y todas las peceras y todos los pupitres y todas las cenas
 íntimas
y todos los razonamientos llenos de indudables edificios
y toda la primavera llena de moscas y crisantemos
y llenas todas las iglesias y todos los calcetines y todas las
 peluquerías
y todas las mujeres llenas de gloria
y llenos también de gloria todos los hombres
y todas las perreras llenas de ángeles
y todas las llaves llenas de puertas
y todos los bazares llenos de ratones
y llenos de barrenderos todos los cuadros
y llenas de estiércol todas las escobas de la patria
y todas las cabezas llenas de radiografías e intríngulis
y llenas de luz todas las subestaciones eléctricas
y llenos de amor todos los manicomios
y todos los cementerios llenos de salvavidas

(De *La bicicleta del panadero*, 2012)

ÁNGELES MORA
(Rute, Córdoba, 1952)

PALABRAS NUESTRAS

Como un murmullo,
un sonido indeciso y creciente,
igual que el bisbiseo de la luz avanza, a gatas,
entre los árboles sin hojas del invierno,
se acercan lentamente,
palabras nuestras, pálidas,
pues vienen de la noche.

Como el crujir de unos zapatos
hundiéndose en la arena
han de llegar abriendo
un día la mañana.

Crecen en las laderas oscuras de tus sueños,
entre las sombras de mis calles perdidas,
tras las esquinas
donde la gente desespera
de otro tiempo posible.
Crecen bajo la cara oculta de la luna,
detrás de las estrellas,

en los suburbios
ensimismados.
Germinan bajo tierra
donde la historia, poco a poco,
esparce sus semillas.

La tarde arroja en los caminos
melancolía.
Y ellas florecen
allá donde se pierde el horizonte,
abandonando sombras,
abriéndose en cascadas
repetidas, cristales de la noche,
con esa música secreta
que esconden
los nombres del mañana.

(De *Ficciones para una autobiografía*, 2015)

EMILIA OLIVA GARCÍA
(Malpartida de Plasencia, Cáceres, 1957)

ADÓNDE VA EL BATALLÓN DE LOS MIL PIES

adónde va el batallón de los mil pies
en carreras veloces
orientados al sol de poniente
antes de atardecer
en inicio de otoñada

o de dónde vienen
qué causa su premura
la marcha vertiginosa
por entre el asfalto cuarteado y
las piedras sueltas de la carretera vieja

siguen acaso un rastro cierto
una orden imperiosa

adivinan quizá la noche que vendrá rauda
o que antes de la puesta del sol
tendrá lugar la orgía de lucha y apareamiento

cuáles son sus armas de combate
cuál el sitio que les convoca

cómo es la pulsión sexual de los mil pies

qué obnubilará a la hembra antes de entrelazarse

serán los brillos metálicos del cuerpo
en el anillado la causa del flechazo

y de ahí
el furor   la prisa
la orientación unánime al sol que cae

como solo norte
la huida de la noche

(Pantano de Alange, en la carretera
vieja de Alange a Palomas,
1 de octubre de 2025)

(Inédito)

CARMEN PALOMO
(Madrid, 1980)

CUIDO, SANO, CONSTRUYO. EL CORAZÓN

Cuido, sano, construyo. El corazón
rebosa y se hace mano;
la mano
rebosa hasta volverse
latiente pan en pez
multiplicado
que hasta tu herida nada.

Brilla entonces tu herida
y al punto
se hace gasa para pájaros.

Qué conmoción tenemos que sufrir
para que al fin descienda
como rocío el enternecimiento,
el hombre abierto al hombre
como granada mansa,
como desnudo fruto
en que el candor ha hundido su escalpelo.

A ver, a ver qué cosa finalmente
podemos hacer con el dolor
(que sea útil,
que sirva,
que sea grande).

(Inédito)

ISABEL PÉREZ MONTALBÁN
(Córdoba, 1964)

LA HERENCIA

El frío inconsolable de los pobres.
No basta la abundancia para arropar el frío
que se hereda en los genes y nace del escombro.
No hay leña que derrita tanta nieve embrionaria.
Se encienden chimeneas. Con la lana se teje un sol,
un armario de soles, un paño de artificio.
Se adquieren edredones como un nido de pájaros.
Y el frío, por debajo, permanece.
De la médula vuelve la trastienda del hielo
a cubrirme los ojos como sangre reseca.

Ya todo es negritud, glaciar y sangre.
Por mis venas se espesa la eutanasia de un río,
el brutal abandono de la mano paterna,
los hermanos perdidos en la prisa de un puente.
La enfermedad congénita me vigila larvada,
se burla de mi huida cuando cambio de nombre
y usurpo los derechos de otra vida.
Ya todo es cicatriz, hospital y alacranes.

Se conquistan los barrios, la blancura
de las liendres y el suero. Se aprende la costumbre.
Se accede a la oficina, al ropaje, a la fiebre,
al calor esponjoso de los cuerpos.
Y el frío, sin embargo, permanece.

(De *Los muertos nómadas*, 1999)

CRISTINA PERI ROSSI
(Montevideo, 1941)

EL AMOR EXISTE

El amor existe
como un fuego
para abrasar en su belleza
toda la fealdad del mundo.

El amor existe
como un presente de las diosas
benignas
a quienes aman la belleza
y la multiplican,
como los panes y los peces.

El amor existe
como un don
solo para quienes están dispuestas
a renunciar
a cualquier otro don.

El amor existe
para habitar el mundo

como si fuera
el paraíso
que un amante distraído perdió
por pereza
por falta de sabiduría.

El amor existe
para que estallen los relojes
lo largo se vuelva corto

lo breve infinito

y la belleza borre
la fealdad del mundo.

(De *La noche y su artificio*, 2014)

JUAN VICENTE PIQUERAS
(Requena, Valencia, 1960)

MENOS MAL

A Eloy y Margarita

Menos mal, dice Eloy, hoy, al teléfono.

Menos mal. Dos palabras
de discreta alegría, disfrazada de alivio,
para decirle gracias a la vida.

Menos mal, porque siempre nos podría ir peor.
Menos mal que estamos vivos.
Menos mal que nos queremos.
Menos mal que estamos juntos.

Menos mal ve en el mal
el bien que sin embargo, el bien que todavía.
El portugués lo dice con mayor claridad:
Ainda bem. Todavía bien.

Diré lo que sucede.
Mi prima Margarita tiene Parkinson.

Mi primo Eloy la cuida.
Como ella empeoraba decidieron
en febrero del año 2020
irse a vivir al Asilo de Ancianos.
En marzo llegó el virus y con él la locura.
Desde entonces, hace ya trece meses,
no han podido salir del Asilo.

Hay algunos que lo llevan muy mal,
me dice Eloy al teléfono. *El otro día*
uno saltó la valla y se escapó.
Lo pillaron en la calle y lo trajeron de vuelta.
Hay gente que se está volviendo loca.
Yo, no. Yo, menos mal
que estoy entretenido cuidando a Margarita.
Espera, te la paso.

Me la pasó. No entendí nada de lo que decía.
No se le entiende bien, me dijo Eloy.
Creo que es de no hablar.
Menos mal que estamos juntos.

Sí, menos mal, Eloy, menos mal.
Cuídate, hasta otro rato, me da alegría oírte.

Me da las gracias por haber llamado.
Y yo le doy las gracias sin decírselo
por la lección de vida que me da

cuidando de mi prima que ya no puede andar,
que ya no se le entiende cuando habla.

Y él siempre dando gracias, diciendo *menos mal.*

(Inédito)

BENJAMÍN PRADO
(Madrid, 1961)

ALZHEIMER

No sabe de quién hablas cuando dices su nombre.
A veces se lo piensa
con un gesto de alumna que intenta recordar
una fórmula química
y no puede: su cuerpo la ha sobrevivido,
pero ella hace mucho que ya no está aquí.

Mientras veo en sus ojos un reloj detenido
me pregunto
a cuál de las dos ve cuando se mira:
¿a quien es o a la niña que ha vuelto a ser?
Su mente es una torre donde está prisionera
o una caja llena de cartas sin abrir.

No sabe qué ha pasado, quiénes son
esos desconocidos que andan por su cabeza
como fieras huidas de un jardín zoológico
por las calles de una ciudad dormida;
ni cuándo se empezaron a borrar
los nombres y las caras

lo mismo que un ejército de figuras de arena.
Para ella todos somos personajes de un sueño.
Allí donde la toques, la memoria nos duele,
dice el poeta Yorgos Seferis,
                                        pero calla
que aún hace más daño el haberla perdido.

Siempre que estamos juntos intento que recuerde
dónde estuvo o quién era,
pero es como acercarse a la orilla de un río
y querer atrapar el agua en una red.
Algunos días
noto
la inquietud
de todo el que al entrar a un cementerio
teme encontrarse con su propia tumba:
al lado de un enfermo te ves amenazado
como al nadar te sientes transparente
o los hijos nos vuelven de cristal.

Ella sigue en su mundo, en equilibrio
entre ser y no ser
y yo busco una forma de quererla
que me lleve hasta ahí;
porque la vida es eso: abrazarse
como si no existiera lo que nos separaba,
como si no existiesen los días y las noches,
la niebla de los años,
la herida del adiós…

No sabe de quién hablas cuando dices su nombre,
pero yo sí: es ella, aunque ya no se acuerde,
y no voy a entregársela al olvido.

(De *Paradero desconocido*, 2023)

ANTONIO PRAENA
(Purullena, Granada, 1973)

ENFERMEDADES RARAS

Dignidad y rareza son palabras hermanas.
Porque somos iguales,
tiene la dignidad rostros distintos.
Porque somos distintos,
hay algo en la rareza que nos une.

Se llega a comprender cuando has sufrido.
Me lo enseñó mamá
mostrándome las líneas de sus manos,
pues hay algunas cosas que se aprenden
tocando con tus dedos otras manos:
sus nudos, sus arrugas, la aspereza
que en ellas han dejado las agujas,
la artrosis mineral de tantas noches
zurciéndonos la ropa y la alegría.

Hay formas de belleza que tan solo
los ojos que han zurcido reconocen,
porque han amado aquello que está roto

y además era raro
                                        a los ojos del mundo.

Lo amaron con dolor.
Nunca es bueno el dolor, pero sabemos
que el reino de la dicha tiene puertas estrechas.
Por ellas entran solo los limpios de mirada,
los que han llorado tanto que han limpiado su iris
hasta ver lo invisible.

Siempre la dignidad es invisible
si miras sin amarla.
E invisible el amor
que aguarda en lo que es raro
si no sufres mirando más allá de lo fácil.

La rara enfermedad que compartimos
es amar la belleza
que alumbra por detrás de la belleza.
Se llega con dolor. Y no hay regreso,
pues nunca se regresa de lo extraño
si es que viven allí
los ojos que más quieres.

(Inédito)

JOSÉ LUIS REY
(Puente Genil, Córdoba, 1973)

SÚPLICA DEL CABALLO DE MADERA

¡Niño mío que fuiste tú mi dios!
¿Por qué crecéis tan pronto los jinetes?
¿A cambio de qué estrella entregasteis la luz
que es una sola y suena a calderilla?
¿Por qué misión dejasteis la misión?

¡Cómo comienza la muerte
al primer balanceo de la cuna!
¡Cómo empieza el dolor con la primera
sonrisa! Vuelve, vuelve
a la cuadra inmortal donde te espero,
al lado de un cojín y la jaula del pájaro.

Vuelve
a las amplias praderas del pasillo,
donde aún la tormenta, donde aún
la tormenta no ha roto los cristales.
Y si tú quieres volveré contigo,
relinchando
con la boca llena de lana,

reuniéndome contigo, con el ser
lleno de gracia que me dio la vida.

Vuelve y yo volveré.
Cabalgaremos como antiguamente,
sin alcanzar Siberia en la cocina,
sin llegar a fronteras
conocidas y extrañas a la vez,
como esa línea que separa el mar
del dormitorio. Ven.

¡Grandes paisajes que verás sin mí!
¿Pero yo qué veré?
Estoy enfermo y siento la gotera
por la cual caen los duendes. Y además
el grillo del hogar ha anidado en mis crines.
Toso, pero no ocurre nada.
¡Y cuando tú tosías causabas un eclipse!
Canto bajito, pero nada ocurre.
¡Y cuando tú cantabas
a Pompeya volvía el esplendor!

Estoy cansado, dime buenas noches.
Buenas noches, caballo, dime así.
Que yo comprenderé
la terrible esperanza.
¿Pero cómo olvidar, cómo olvidar
la mano de mi dueño y mi pezuña,
la que alzaba hacia el aire?

(Inédito)

ALEJANDRO ROEMMERS
(Buenos Aires, 1958)

AMOR SIN FRONTERAS

Hay amores
que llegan de una vez para quedarse,
que nacen sin fronteras
y avanzan atrevidos
desbordando los márgenes del cauce
como expande el universo
su torrente de galaxias.

Hay amores
que no requieren permiso.
Entran sin avisar y nos sorprenden
como la luz del sol por las rendijas
que delatan la imperfección de las persianas.

Así llegaste a mí,
como un murmullo de agua fresca
por una grieta en la vida o en el aire,
como universo impredecible
que abraza y me da vida,

libre y salado como el viento
que besa con la espuma
al faro perdido en su nostalgia.

(Inédito)

ANA ROSSETTI
(San Fernando, Cádiz, 1950)

ECOGRAFÍA

Mis huesos no te fueron desconocidos cuando en lo más recóndito era yo formado, cuando en lo más profundo de la tierra era yo entretejido. Tus ojos vieron mi cuerpo en embrión: todo estaba ya escrito en tu libro; todos mis días se estaban diseñando, aunque no existía ni uno solo de ellos[1].

Sin embargo, no fueron previstas la suma de generosidad, fortaleza y perseverancia que me acompañarían, pero que se me han ido mostrando como inesperados dones. Ni que el impacto del pronóstico que abriera abismos, hiciera cimbrear la cordura y que como un relámpago enceguecierа, hiciera germinar en ti el inmenso poder del amor.

Pues el vértigo del abismo es ahora un valle de paciencia que se obstina en permanecer sereno pese a las tempestades, los temores se han erigido en la confianza

[1] Salmo 139, 15-16.

de un muro denso y resistente pero suave como la suave ternura del rocío, y lo que fuera un decreto irreversible, en una irrenunciable y esclarecedora experiencia.

Por eso sé que mi existencia es parte de la belleza de este mundo, de sus bendiciones y su sabiduría.

Por eso sé, sabemos, lo que entonces no sabías de mí… ni de ti.

(Inédito)

JOAQUÍN SABINA
(Úbeda, Jaén, 1979)

UN SONETO EMOCIONADO

No faltaron tormentas aquel año,
me echaron de las barras de los bares,
desgarré mi camisa de lunares,
dejamos de jugar a hacernos daño.

Rimando la canción del desengaño,
deserté de los fuegos malabares,
cambié las alegrías por soleares
y al tipo que te amó por este extraño.

Me acosaron alarmas imprevistas,
te busqué, te perdí, fui tropezando
extramuros del fuero del artista.

Prófugo de un dolor que ya no existe,
llevo 500 noches celebrando
la impúdica belleza de estar triste.

(Inédito)

ADA SALAS
(Cáceres, 1965)

EL SILENCIO COMO UN GRAN OÍDO

El
silencio como un gran
oído
nos escucha. No nada
sino amor.
Desde cuándo no oías este aliento del mundo
dejando de ser mundo. Los pájaros parados
en el aire colgados
en el aire
a punto
de cantar. Su canto como un
carbunclo
de calor
suspendido en la tarde a punto
de emitirse a punto
de ser tiempo
pero no.
Tú quédate
ahí oro quieto
del día perla azul

de la noche
canta
tu canción de silencio.
Sé sí.
Sé no.
Sé todo
—sí
lo haces—. Lo haces
no sabía
que esto era posible no sabía
que eres
la única verdad.

(De *Arqueologías*, 2022)

IRENE SÁNCHEZ CARRIÓN
(Navaconcejo, Cáceres, 1967)

COMO EL ÁRBOL

El árbol no se queja de la lluvia
ni se esconde del sol que le desgasta,
presto se mece al viento caprichoso
sin preguntar por qué se ha levantado.
Florece, da sus frutos, una a una
va entregando las hojas al otoño
y, desnudo en invierno, abre sus ramas
al silencioso abrazo de la nieve.
El árbol solo acepta.
El árbol solo espera.

(Inédito)

MARTA SANZ
(Madrid, 1967)

DENTRO DEL ROSA DE LA FLOR

Dentro del rosa de la flor
habitan tierra y gris ceniza,
las petrificaciones.
En la jugosidad del pétalo
está la hez.

Dentro del rosa de la flor
destella
una quemadura.

Después de la tierra o la ceniza,
el rosa de esa flor
nunca regresa.

Sin embargo,
esta lírica obviedad
no es preocupante.

Lo que me angustia
es

el sufrimiento
que experimenta la flor,
el ahogo de la flor,
el mientras tanto
de su metamorfosis.

(De *Amarilla*, 2025)

ELVIRA SASTRE
(Segovia, 1992)

POEMA PARA ENTENDER LA VIDA

Es tanto y lo es todo.

No se trata de abrir los ojos para ver mejor,
sino de cerrarlos y saber mirar por dentro.
Sentir el dolor para después convertir la herida
en un puñado de aire y soplar sobre él, con fuerza.
Dejar que fluya,
que todo salga y entre,
que la emoción no sea una cárcel
sino una guarida.

Reconocer lo que es nuestro
y cambiar la dirección de lo que no nos pertenece
y viene hacia nosotros, imparable.
Recordar quiénes fuimos para ser
capaces de entender quiénes somos
y en qué nos podemos convertir.
Asumir que las cosas que no podemos
cambiar también forman parte de lo que somos,

como la hoja que siempre se cae
del árbol que nunca se muere.

Se trata de escuchar al cuerpo que nos contiene,
el mismo que tiembla, que se conmueve,
que estalla en mil pedazos y se tranquiliza al coger aire,
que acaricia y se tropieza y pide palabra,
el mismo que es capaz de parar el viento
y de caerse al agua sin mojarse.

Se trata de pedir calor a quien conoce el fuego,
luz a quien ilumina los caminos,
amor a quien sabe de miedo.

Y limpiarnos la piel, los ojos,
abrir las manos y sentir los oídos,
cuidarnos por dentro y entender, por fin,
que la vida es esto:
un río sin caudal ni final, por el que dejarse llevar
sin temor a la corriente, como el que sabe que esto es tanto
y lo es todo.

(De *Adiós al frío*, 2020)

JAIME SILES
(Valencia, 1951)

ANOTACIÓN A KEATS

A Pere Gimferrer

La belleza es dolor. Y el dolor es belleza
y ni uno y otro se pueden resistir.
Sobrepasan los dos las medidas del hombre:
se sienten para siempre, pero solo una vez.
Un instante perpetuo los contiene
y, de pronto, sin más, se manifiestan
en el perfecto orden de las cosas
que mueve y origina su incomprensible acción.
No es un centro decible ni un objeto pensable:
la belleza gira sobre sí misma
como sobre sí mismo gira siempre el dolor.
No son iguales porque se diferencian
y en su coro de ángeles terribles
resuena, batida por las alas de lo informe,
la duda sobre cuál de los dos hay que elegir.
Una sangre invisible ensucia los espíritus
y el oro de los cuerpos nunca se llega a ver:
su luz florece siempre

al otro lado de los falsos espejos
que son los que devuelven
la imagen más exacta de la realidad.
Lo que miramos es un trampantojo
de algo que, aun estando dentro de nosotros,
se sitúa siempre más allá.
Es la verdadera esencia de las cosas
y refleja lo que las hace ser:
la dolorosa sensación de pérdida
que suena en la centrífuga visión de su fluir.
Aquello que se escucha no se oye: se siente.
Y aquello que se siente ya deja de existir.
Es el dolor de ser lo que allí se renueva
y es la propia vida lo que allí llega a ser.
El mármol de las cosas conoce lo terrible
como nosotros mismos conocemos
la crueldad del hecho de vivir.
Solo porque morimos podemos soportarlo.
Dolor y belleza hacen que sea así.

(De *Actos de habla*, 2009)

KIRMEN URIBE
(Ondárroa, Vizcaya, 1970)

FRÁGIL

El ser humano es frágil,
y porque el ser humano es frágil,
frágil es la democracia.

Y porque la democracia es frágil,
frágil es la libertad.
Y porque la libertad es frágil,
frágil es la igualdad.

Y porque la igualdad es frágil,
frágil es el respeto.
Y porque el respeto es frágil,
frágil es la naturaleza.

Y porque la naturaleza es frágil,
frágil es el futuro.
Y porque el futuro es frágil,
frágil es el sueño.

Y porque el sueño es frágil,
frágil es la paz.
Y porque la paz es frágil,
frágil es la solidaridad.

Y porque la solidaridad es frágil,
frágil es la justicia.
Y porque la justicia es frágil,
frágil es el amor.

Y porque el amor es frágil,
frágil es el ser humano.

Todo lo que amo
es frágil.
Por eso lo cuido.

(Inédito)

JULIETA VALERO
(Madrid, 1971)

LA PÉRDIDA EN EL NIÑO, MÍRALE LA BARBILLA MIRA

La pérdida en el niño, mírale la barbilla mira
el ecológico dolor, purísimo, sin procesar,
que a la madre anima a quemar el planeta, esa razón
meduleada de duda. El niño tuyo es
el que llora, no tanto el rumano, no
tanto el del oscuro lagrimal con mosca, y esto es
legítimo y humano como el breve metano
en aquel ascensor: la vergüenza que daña centrípeta.
Pero esa barbilla que tiembla es mía y
me interpelaría si las cobras hablaran: culpa
precámbrica, lo ha visto todo, viene con los helechos
y va a los hechos que yo firmé. Esa niña se despide
de lo que más ama cada semana. Yo también.

(De *No obstantísimas,* 2024)

ÁLVARO VALVERDE
(Cáceres, 1959)

CONVERSACIONES

A mi madre

Temías que llegara este momento.
Que una caída
—tú que has sufrido tantas, los tobillos—
te obligara a dejar la vida amable
—en tu casa, a tus cosas—
que llevabas hasta que la cadera
se cruzó en tu camino fracturándose.
Ahora, aquí, en este escueto cuarto
—una cama, un armario, un sillón, una mesa—
intentas, poco a poco, acomodarte
a esta situación sobrevenida.
Y no sin desconcierto, lo sabemos.
Aquí y ahora
vengo a acompañarte en tu desdicha.
Para mitigar el dolor, las circunstancias
que adversas sustituyen
a aquellas más felices que se fueron.
Por eso conversamos.

Sentados en esta habitación
o en medio del paseo,
en la sala común o en el pasillo,
hablamos del presente y del pasado,
muchos menos, sin duda, del futuro.
Y eso nos hace bien.
Consuela, cura.
Tu memoria está intacta.
Facilita adentrarse en todo lo vivido
para rememorarlo con sosiego.
Hemos hecho del mal un aliado.
Nos salva dialogar sobre los vivos.
También sobre los muertos.
De lo que fue y aún sigue con nosotros
a pesar de los años transcurridos.
Estás a cinco de cumplir un siglo.
Las palabras dan fe de que no en vano.

(Inédito)

FERNANDO VALVERDE
(Granada, 1980)

LA PROFECÍA

Deberías saberlo.

Te lo han dicho las noches más largas que la vida,
te lo han dicho las sombras,
las ciudades que evitas en los mapas,
la lluvia deshaciéndose en sus muros.

Deberías saberlo.

Te lo han dicho los grandes diluvios y las arcas,
te lo han dicho las bocas que queman como soles,
te lo ha dicho hasta el cielo.

Búscalo en los bolsillos,
hay una nota dentro, hay un poema;
deberías saberlo.

Lo has escrito en los márgenes,
lo has escrito en la piedra y lo repiten
los milenios, los bosques, las corrientes,

te lo han dicho los truenos
con su terror de aguja,
te lo ha dicho la nieve debajo de otra nieve
por millones de años
a los pies del desastre,

lo has leído en los bordes dorados de la cúpula,
lo has leído en las lápidas,
estaba en los poemas:

deberías saberlo

la mujer que gritaba
la ruina de tu nombre,
la inquina solitaria,
tu estirpe miserable.

Puedes abrir la tierra con las manos,
puedes sacar la arena de tu pecho,
puedes romper las cosas que están rotas,
puedes gemir de rabia,
pero no va a cambiar.

Te lo han dicho hasta en sueños.
«No vayas a matarme», repetías,
y al final despertabas.

(De *Desgracia*, 2022)

JAVIER VELAZA
(Castejón, Navarra, 1963)

PADRE ANQUISES

Padre Anquises, a hombros
transportaré tus miembros desmayados
hacia costas mejores.

No me pesa tu peso, me es ligera
tu carga de virtud, de valentía,
tu ciencia acumulada en intemperies,
tu amor callado.

Yo te llevaré, padre,
en una nave de proa calafateada
sobre el piélago proceloso del miedo
y la desesperanza.
Iré más audazmente incluso
de lo que me permita mi destino,
confiado en tu ejemplo,
y todo lo ha de vencer un esfuerzo supremo.

Yo he de ser, padre,
tus brazos y tus piernas,

yo le pondré músculo a tu yerta estructura
para que seas guía y oráculo en mi viaje.

Descansa sobre mí y habrá
para nosotros dos ramas doradas
que permitan franquear la puerta de marfil:
luego saldremos
a contemplar de nuevo las estrellas.

(De *Mar de amores y latines*, 1996)

MANUEL VILAS
(Barbastro, Huesca, 1962)

DANIEL

Dormir en la misma casa,
tú en tu pequeña habitación,
yo en la mía, que es también pequeña,
pero un poco más grande que la tuya,
es un privilegio.

Saber que estás al otro lado del tabique me da paz.

Pero hoy te has quedado dormido,
y llegas tarde al instituto.

No sabes la pena que me causa
que te pierdas una hora de clase.

Las leyes de los hombres —yo las conozco— son
inflexibles,
y debes aprender a convivir con ellas,
como yo lo hice.

Me he quedado pensando en tu futuro.

Daría mi vida por protegerte mañana,
para que no te alcance nunca ninguna desdicha,
ningún dolor, ningún veneno humano.

Abro la ventana de tu cuarto y miro tus cosas y me
conmuevo.

Adoro todas tus cosas.

Adoro tu letra, pequeña, dulce, humilde,
la letra de un alma bondadosa.

Adoro tu ropa colgada en mi armario,
tu cazadora marrón,
que me encanta.

La fragilidad que expresa tu cuerpo me estremece
y me alegra al mismo tiempo.

Estás todo el día con los cascos, cuando te hablo no oyes.

Vives para el teléfono móvil,
y poco para mí,
que vivo para ti.

Me gusta prepararte bocadillos delicados.

Pienso en que tendrás hambre a media mañana.

Adivino tu vulnerabilidad y sufro.

En ti me convertiré en ceniza
y tu vida nueva verá
la caída de todas las cosas
que me hirieron.

(Inédito)

LUIS ANTONIO DE VILLENA
(Madrid, 1951)

MANOLO

Fue en el verano maravilloso de 1974.
Tú eras un encantador y bello muchacho rubio
que buscaba e intentaba ser actor…
(Que no llegaras muy lejos nada importa ahora).
Eras dulce y hermoso, como solo lo es
la juventud coronada de hiedra y rosas.
Fuimos en un viejo tren a Austerlitz
y pasamos unos días —te invité—
en aquel París que era todo dorado.
Luego tuve celos de alguna aventura tuya
(¡demasiado lindo!)
y yo seguí hacia las espléndidas moradas de Italia
mientras tú regresabas a España,
como podías. Fui injusto.
Eras delicioso, amoroso, atrevido, dulce,
mi rubio Manuel, de azulados ojos.
¿Quién no te hubiera dado manta y cobijo?
Alguna vez más nos vimos y nos perdonamos.
Tu beldad y sonrisa podían sobrevolarlo todo.
Y ayer —mil años después—

recordando la vida de placeres que fueron y no serán,
te volví a ver, maravilloso y joven, por los Campos Elíseos.
¿Qué es de ti, Manuelito?
Tus muslos brillaban en un cuarto, rue de Saints-Pères.
Puse tu nombre en Google. Pocas líneas.
Habías muerto en el verano de 2017.
Yo andaba por Colombia. Tú no existías.

(De *Lujurias y apocalipsis*, 2002)

ÍNDICE

Esta primera edición de *La belleza y el dolor*
se acabó de imprimir en Madrid
el 20 de noviembre de 2025,
Día Internacional de los
Derechos del Niño.